Europäische Kommission

Durchführungsverordnung (EU) Nr. 485/2013 der Kommission vom 24. Mai 2013

zur Änderung der Durchführungsverordnung (EU) Nr. 540/2011 hinsichtlich der Bedingungen für die Genehmigung der Wirkstoffe Clothianidin, Thiamethoxam und Imidacloprid [...]

AP
Antiphon Verlag

Europäische Kommission

Durchführungsverordnung (EU) Nr. 485/2013 der Kommission vom 24. Mai 2013

zur Änderung der Durchführungsverordnung (EU) Nr. 540/2011 hinsichtlich der Bedingungen für die Genehmigung der Wirkstoffe Clothianidin, Thiamethoxam und Imidacloprid [...]

1. Auflage 2026 | ISBN: 978-3-38798-690-7

Antiphon Verlag ist ein Imprint der Antiquum Novum Verlag.

Verlag: Antiquum Novum Verlag UG (haftungsbeschränkt), Im Erlengrund 6a, 35510 Butzbach, Deutschland, info@antiquum-novum.de
Vertretungsberechtigt: E. Roepke, Zeilweg 44, 60439 Frankfurt, Deutschland
Druck: Libri Plureos GmbH, Friedensallee 273, 22763 Hamburg, Deutschland

DURCHFÜHRUNGSVERORDNUNG (EU) Nr. 485/2013 DER KOMMISSION

vom 24. Mai 2013

zur Änderung der Durchführungsverordnung (EU) Nr. 540/2011 hinsichtlich der Bedingungen für die Genehmigung der Wirkstoffe Clothianidin, Thiamethoxam und Imidacloprid sowie des Verbots der Anwendung und des Verkaufs von Saatgut, das mit diese Wirkstoffe enthaltenden Pflanzenschutzmitteln behandelt wurde

(Text von Bedeutung für den EWR)

DIE EUROPÄISCHE KOMMISSION —

gestützt auf den Vertrag über die Arbeitsweise der Europäischen Union,

gestützt auf die Verordnung (EG) Nr. 1107/2009 des Europäischen Parlaments und des Rates vom 21. Oktober 2009 über das Inverkehrbringen von Pflanzenschutzmitteln und zur Aufhebung der Richtlinien 79/117/EWG und 91/414/EWG des Rates ([1]), insbesondere auf Artikel 21 Absatz 3, Artikel 49 Absatz 2 und Artikel 78 Absatz 2,

in Erwägung nachstehender Gründe:

(1) Die Wirkstoffe Clothianidin, Thiamethoxam und Imidacloprid wurden mit den Richtlinien 2006/41/EG ([2]), 2007/6/EG ([3]) und 2008/116/EG ([4]) der Kommission in Anhang I der Richtlinie 91/414/EWG des Rates vom 15. Juli 1991 über das Inverkehrbringen von Pflanzenschutzmitteln ([5]) aufgenommen.

(2) Mit der Richtlinie 2010/21/EU der Kommission ([6]) wurde Anhang I der Richtlinie 91/414/EWG hinsichtlich der Sonderbestimmungen für die Neonicotinoide Clothianidin, Thiamethoxam und Imidacloprid geändert.

(3) In Anhang I der Richtlinie 91/414/EWG aufgenommene Wirkstoffe gelten als gemäß der Verordnung (EG) Nr. 1107/2009 genehmigt und sind in Teil A des Anhangs der Durchführungsverordnung (EU) Nr. 540/2011 der Kommission vom 25. Mai 2011 zur Durchführung der Verordnung (EG) Nr. 1107/2009 des Europäischen Parlaments und des Rates hinsichtlich der Liste zugelassener Wirkstoffe ([7]) aufgeführt.

(4) Im Frühjahr 2012 wurden neue wissenschaftliche Erkenntnisse über subletale Auswirkungen von Neonicotinoiden auf Bienen veröffentlicht. Gemäß Artikel 21 Absatz 2 der Verordnung (EG) Nr. 1107/2009 ersuchte die Kommission die Europäische Behörde für Lebensmittelsicherheit („Behörde") um wissenschaftliche und technische Unterstützung, um diese neuen Erkenntnisse zu bewerten und die Risikobewertung für Neonicotinoide in Bezug auf ihre Auswirkungen auf Bienen zu überprüfen.

([1]) ABl. L 309 vom 24.11.2009, S. 1.
([2]) ABl. L 187 vom 8.7.2006, S. 24.
([3]) ABl. L 43 vom 15.2.2007, S. 13.
([4]) ABl. L 337 vom 16.12.2008, S. 86.
([5]) ABl. L 230 vom 19.8.1991, S. 1.
([6]) ABl. L 65 vom 13.3.2010, S. 27.
([7]) ABl. L 153 vom 11.6.2011, S. 1.

(5) Am 16. Januar 2013 legte die Behörde ihre Schlussfolgerungen zur Risikobewertung für Clothianidin, Thiamethoxam und Imidacloprid in Bezug auf Bienen vor ([8]).

(6) Die Behörde ermittelte für bestimmte Kulturen ein hohes akutes Risiko für Bienen aufgrund von Pflanzenschutzmitteln mit den Wirkstoffen Clothianidin, Thiamethoxam oder Imidacloprid. Sie ermittelte insbesondere ein hohes akutes Risiko für Bienen bei mehreren Kulturen aufgrund der Exposition gegenüber Staub, bei einigen Kulturen aufgrund der Aufnahme von Rückständen in kontaminiertem Pollen und Nektar sowie bei Mais aufgrund der Exposition gegenüber Guttationsflüssigkeit. Darüber hinaus konnten inakzeptable Risiken aufgrund akuter oder chronischer Auswirkungen auf das Überleben und die Entwicklung von Bienenvölkern für mehrere Kulturen nicht ausgeschlossen werden. Zudem ermittelte die Behörde für jede der bewerteten Kulturen mehrere Datenlücken. Dies betrifft insbesondere die Langzeitrisiken für Honigbienen aufgrund der Exposition gegenüber Staub, aufgrund von Rückständen in Pollen und Nektar und aufgrund der Exposition gegenüber Guttationsflüssigkeit.

(7) Angesichts der neuen wissenschaftlichen und fachlichen Erkenntnisse kam die Kommission zu dem Schluss, dass es Hinweise darauf gibt, dass die genehmigten Anwendungsarten von Clothianidin, Thiamethoxam und Imidacloprid, was ihre Auswirkungen auf Bienen angeht, den Genehmigungskriterien gemäß Artikel 4 der Verordnung (EG) Nr. 1107/2009 nicht länger entsprechen und dass ein hohes Risiko für Bienen nur dadurch ausgeschlossen werden kann, dass weitere Einschränkungen eingeführt werden. In Erwartung der Bewertung der Anwendungen zur Blattbehandlung durch die Behörde ist die Kommission insbesondere der Ansicht, dass das Risiko für Bienen aufgrund der Blattbehandlung dem von der Behörde ermittelten Risiko aufgrund der Anwendungen zur Saatgutbehandlung oder Bodenbehandlung ähnelt, und zwar aufgrund der systemischen Translokation der Wirkstoffe Clothianidin, Thiamethoxam and Imidacloprid in der Pflanze.

(8) Die Kommission forderte die Antragsteller zur Abgabe ihrer Stellungnahme auf.

([8]) Europäische Behörde für Lebensmittelsicherheit; „Conclusion on the peer review of the pesticide risk assessment for bees for the active substance clothianidin." The EFSA Journal 2013; 11(1):3066. [58 S.] doi:10.2903/j.efsa.2013.3066.
„Conclusion on the peer review of the pesticide risk assessment for bees for the active substance imidacloprid." The EFSA Journal 2013; 11(1):3068. [55 S.] doi:10.2903/j.efsa.2013.
„Conclusion on the peer review of the pesticide risk assessment for bees for the active substance thiamethoxam." The EFSA Journal 2013; 11(1):3067. [68 S.] doi:10.2903/j.efsa.2013.3067. Online abrufbar unter: www.efsa.europa.eu/efsajournal.htm.

(9) Die Schlussfolgerungen der Behörde wurden im Ständigen Ausschuss für die Lebensmittelkette und Tiergesundheit von den Mitgliedstaaten und der Kommission geprüft und am 15. März 2013 in Form von Nachträgen zu den Beurteilungsberichten der Kommission für Clothianidin, Thiamethoxam and Imidacloprid abgeschlossen.

(10) Die Kommission ist zu dem Schluss gelangt, dass sich ein hohes Risiko für Bienen nur dadurch ausschließen lässt, dass weitere Beschränkungen eingeführt werden.

(11) Die Wirkstoffe Clothianidin, Thiamethoxam und Imidacloprid gelten als gemäß der Verordnung (EG) Nr. 1107/2009 genehmigt. Um die Exposition von Bienen so weit wie möglich zu reduzieren, ist es jedoch angezeigt, die Anwendungsarten dieser Wirkstoffe einzuschränken, besondere Maßnahmen zur Risikobegrenzung zum Schutz von Bienen vorzuschreiben und die Anwendung von Pflanzenschutzmitteln, die diese Wirkstoffe enthalten, auf gewerbliche Anwender zu beschränken. Insbesondere sollte die Anwendung von Pflanzenschutzmitteln, die die Wirkstoffe Clothianidin, Thiamethoxam oder Imidacloprid enthalten, zur Saatgut- und Bodenbehandlung für Kulturen, die für Bienen interessant sind, und für Getreide — mit Ausnahme der Verwendung in Gewächshäusern und von Wintergetreide — verboten werden. Die Blattbehandlung mit Clothianidin, Thiamethoxam oder Imidacloprid enthaltenden Pflanzenschutzmitteln sollte für Kulturen, die für Bienen interessant sind, und für Getreide — mit Ausnahme der Anwendung in Gewächshäusern und der Anwendung nach der Blüte — verboten werden. Kulturen, die vor der Blüte geerntet werden, gelten als uninteressant für Bienen.

(12) Was die Anwendungen von Clothianidin, Thiamethoxam oder Imidacloprid angeht, die gemäß dieser Verordnung zugelassen werden dürfen, ist es angezeigt, die Vorlage zusätzlicher bestätigender Informationen zu verlangen.

(13) Die Durchführungsverordnung (EU) Nr. 540/2011 sollte daher entsprechend geändert werden.

(14) Es wurde ein Risiko für Bienen durch behandeltes Saatgut ermittelt, und zwar bei mehreren Kulturen aufgrund der Exposition gegenüber Staub, bei einigen Kulturen aufgrund der Aufnahme von Rückständen in kontaminiertem Pollen und Nektar sowie bei Mais durch die Exposition gegenüber Guttationsflüssigkeit. Trägt man diesen Risiken im Zusammenhang mit behandeltem Saatgut Rechnung, sollten die Anwendung und das Inverkehrbringen von Saatgut, das mit Clothianidin, Thiamethoxam oder Imidacloprid enthaltenden Pflanzenschutzmitteln behandelt wurde, für Kulturen, die für Bienen interessant sind, sowie für Getreidesaatgut verboten werden; ausgenommen sind Wintergetreidearten und in Gewächshäusern verwendetes Saatgut.

(15) Den Mitgliedstaaten sollte ausreichend Zeit für den Widerruf der Zulassungen für Clothianidin, Thiamethoxam oder Imidacloprid enthaltende Pflanzenschutzmittel eingeräumt werden.

(16) Für Clothianidin, Thiamethoxam oder Imidacloprid enthaltende Pflanzenschutzmittel, für die die Mitgliedstaaten gemäß Artikel 46 der Verordnung (EG) Nr. 1107/2009 eine Aufbrauchfrist einräumen, sollte diese Frist spätestens am 30. November 2013 enden. Innerhalb von zwei Jahren nach dem Inkrafttreten der vorliegenden Verordnung wird die Kommission unverzüglich eine Überprüfung der neuen wissenschaftlichen Erkenntnisse anstrengen, die ihr zugegangen sind.

(17) Gemäß Artikel 36 Absatz 3 der Verordnung (EG) Nr. 1107/2009 können die Mitgliedstaaten unter bestimmten Bedingungen weitere Maßnahmen zur Risikominderung oder Beschränkungen für das Inverkehrbringen oder die Verwendung von Clothianidin, Thiamethoxam oder Imidacloprid enthaltenden Pflanzenschutzmitteln festlegen. Was das Inverkehrbringen und die Verwendung von Saatgut angeht, das mit Clothianidin, Thiamethoxam oder Imidacloprid enthaltenden Pflanzenschutzmitteln behandelt wurde, können die Mitgliedstaaten gemäß Artikel 71 der Verordnung (EG) Nr. 1107/2009 Notfallmaßnahmen ergreifen.

(18) Das Verbot des Inverkehrbringens von behandeltem Saatgut sollte erst ab dem 1. Dezember 2013 gelten, um eine ausreichende Übergangsfrist zu gewährleisten. Bereits auf nationaler Ebene gemäß Artikel 71 der Verordnung (EG) Nr. 1107/2009 getroffene vorläufige Schutzmaßnahmen können gemäß Artikel 71 Absatz 3 der genannten Verordnung bis zu diesem Zeitpunkt beibehalten werden.

(19) Saatgut, das mit Clothianidin, Thiamethoxam oder Imidacloprid enthaltenden Pflanzenschutzmitteln behandelt wurde, die den in Artikel 1 der vorliegenden Verordnung genannten Beschränkungen unterliegen, kann gemäß Artikel 54 der Verordnung (EG) Nr. 1107/2009 für Experimente oder Versuche zu Forschungs- und Entwicklungszwecken verwendet werden.

(20) Der Ständige Ausschuss für die Lebensmittelkette und Tiergesundheit hat keine Stellungnahme abgegeben. Ein Durchführungsrechtsakt wurde als notwendig erachtet, und der Vorsitz hat dem Berufungsausschuss den Entwurf eines Durchführungsrechtsakts zur weiteren Erörterung übermittelt. Der Berufungsausschuss hat keine Stellungnahme abgegeben —

HAT FOLGENDE VERORDNUNG ERLASSEN:

Artikel 1

Änderung der Durchführungsverordnung (EU) Nr. 540/2011

Der Anhang der Durchführungsverordnung (EU) Nr. 540/2011 wird gemäß Anhang I der vorliegenden Verordnung geändert.

Artikel 2

Verbot des Inverkehrbringens von behandeltem Saatgut

Saatgut der in Anhang II aufgeführten Kulturen, das mit Clothianidin, Thiamethoxam oder Imidacloprid enthaltenden Pflanzenschutzmitteln behandelt wurde, wird nicht verwendet oder in Verkehr gebracht; ausgenommen ist Saatgut, das in Gewächshäusern verwendet wird.

Artikel 3

Übergangsregelungen

Gemäß der Verordnung (EG) Nr. 1107/2009 ändern oder widerrufen die Mitgliedstaaten bis zum 30. September 2013 erforderlichenfalls geltende Zulassungen für Pflanzenschutzmittel, die Clothianidin, Thiamethoxam oder Imidacloprid als Wirkstoff enthalten.

Artikel 4

Aufbrauchfrist

Jede von den Mitgliedstaaten gemäß Artikel 46 der Verordnung (EG) Nr. 1107/2009 eingeräumte Aufbrauchfrist muss so kurz wie möglich sein und endet spätestens am 30. November 2013.

Artikel 5

Inkrafttreten

Diese Verordnung tritt am Tag nach ihrer Veröffentlichung im *Amtsblatt der Europäischen Union* in Kraft und gilt ab diesem Datum.

Artikel 2 gilt ab dem 1. Dezember 2013.

Diese Verordnung ist in allen ihren Teilen verbindlich und gilt unmittelbar in jedem Mitgliedstaat.

Brüssel, den 24. Mai 2013

Für die Kommission
Der Präsident
José Manuel BARROSO

ANHANG I

Änderung des Anhangs der Durchführungsverordnung (EU) Nr. 540/2011

1. Im Anhang Teil A Zeile 121, Clothianidin, der Durchführungsverordnung (EU) Nr. 540/2011 erhält die Spalte „Sonderbestimmungen" folgende Fassung:

„TEIL A

Nur gewerbliche Anwendungen als Insektizid dürfen zugelassen werden.

Anwendungen zur Saatgutbehandlung oder Bodenbehandlung dürfen nicht für folgende Getreidearten zugelassen werden, wenn diese Getreidearten zwischen Januar und Juni ausgesät werden:

Gerste, Hirse, Hafer, Reis, Roggen, Sorghum, Triticale, Weizen.

Für folgende Getreidearten darf die Blattbehandlung nicht zugelassen werden:

Gerste, Hirse, Hafer, Reis, Roggen, Sorghum, Triticale, Weizen.

Anwendungen zur Saatgutbehandlung, Bodenbehandlung oder Blattbehandlung dürfen nicht für folgende Kulturen zugelassen werden, außer bei Anwendung in Gewächshäusern und außer zur Blattbehandlung nach der Blüte:

Luzerne (*Medicago sativa*)

Mandel (*Prunus amygdalus; P. communis; Amygdalus communis*)

Anis (*Pimpinella anisum*); Sternanis (*Illicium verum*); Kümmel (*Carum carvi*); Koriander (*Coriandrum sativum*); Kreuzkümmel (*Cuminum cyminum*); Fenchel (*Foeniculum vulgare*); Wacholderbeere (*Juniperus communis*)

Apfel (*Malus pumila; M. sylvestris; M. communis; Pyrus malus*)

Aprikose (*Prunus armeniaca*)

Avocadofrucht (*Persea americana*)

Banane (*Musa sapientum; M. cavendishii; M. nana*)

Bohne (*Phaseolus* spp.)

Brombeere (*Rubus fruticosus*)

Heidelbeere/Blaubeere/Bickbeere (*Vaccinium myrtillus*); amerikanische Strauchheidelbeere (*V. corymbosum*)

Ackerbohne/Pferdebohne (*Vicia faba* var. *major*; var. *equina*; var. *minor*)

Buchweizen (*Fagopyrum esculentum*)

Johannisbrotbaum/Karobenbaum (*Ceratonia siliqua*)

Rizinussaat (*Ricinus communis*)

Kirsche (*Prunus avium*)

Esskastanie (*Castanea* spp.)

Kichererbse (*Cicer arietinum*)

Chilipfeffer (*Capsicum frutescens; C. annuum*); Nelkenpfefferbaum/Pimentbaum (*Pimenta officinalis*)

Klee (*Trifolium* spp.)

Kaffee (*Coffea* spp. *arabica, robusta, liberica*)

Baumwolle (*Gossypium* spp.)

gemeine Kuhbohne/Augenbohne (*Vigna unguiculata*)

großfrüchtige Moosbeere/Kulturpreiselbeere (*Vaccinium macrocarpon*); kleinfrüchtige Moosbeere/Kranichbeere (*Vaccinium oxycoccos*)

Gurke (*Cucumis sativus*)

schwarze Johannisbeere (*Ribes nigrum*); rote und weiße Johannisbeere (*R. rubrum*)

Dattel (*Phoenix dactylifera*)

schwarzer Holunder (*Sambucus nigra*)

Stachelbeere (*Ribes uva crispa*)

Grapefruit (*Citrus paradisi*)

Weinrebe (*Vitis vinifera*)

Erdnuss (*Arachis hypogaea*)

Haselnuss (*Corylus avellana*)

Hanf (*Cannabis sativa*)

Kartoffel-Rose (*Rosa rugosa*)

Kiwi (*Actinidia chinensis*)

Leguminose: Hornschotenklee (*Lotus corniculatus*); Lespedeza (*Lespedeza* spp.); Kopoubohne (*Pueraria lobata*); Sesbania (*Sesbania* spp.); Futteresparsette (*Onobrychis sativa*); Spanische Esparsette (*Hedysarum coronarium*)

Zitronen und Limetten: Zitrone (*Citrus limon*); saure Limette/Limonelle (*C. aurantiifolia*); Limette/Süßzitrone (*C. limetta*);

Linsen (*Lens esculenta; Ervum lens*)

Leinsaat (*Linum usitatissimum*)

Lupine (*Lupinus* spp.)

Mais (*Zea mays*)

Melonensaat (*Cucumis melo*)

Senfsaat: Weißer Senf (*Brassica alba; B. hirta; Sinapis alba*); schwarzer Senf (*Brassica nigra; Sinapis nigra*)

Okra (*Abelmoschus esculentus; Hibiscus esculentus*)

Oliven (*Olea europaea*)

Orangen: Orange/Apfelsine (*Citrus sinensis*); Bitterorange (*C. aurantium*)

Pfirsiche und Nektarinen (*Prunus persica; Amygdalus persica; Persica laevis*)

Birne (*Pyrus communis*)

Erbsen: Gartenerbse (*Pisum sativum*); Felderbse (*P. arvense*)

Pfefferminze (*Mentha* spp.; *M. piperita*)

Kaki (*Diospyros kaki; D. virginiana*)

Pistazie (*Pistacia vera*)

Pflaumen und Schlehen: Reineclaude, Mirabelle, Damaszenerpflaume (*Prunus domestica*); Schlehe (*P. spinosa*)

Mohnsaat (*Papaver somniferum*)

Kürbis (*Cucurbita* spp.)

Pyrethrum (*Chrysanthemum cinerariifolium*)

Quitte (*Cydonia oblonga; C. vulgaris; C. japonica*)

Rapssaat (*Brassica napus* var. *oleifera*)

Himbeere (*Rubus idaeus*)

Färberdistelsaat (*Carthamus tinctorius*)

Serradella/Vogelfuß (*Ornithopus sativus*)

Sesamsaat (*Sesamum indicum*)

Sojabohne (*Glycine soja*)

Gewürze: Lorbeer (*Laurus nobilis*); Dillsaat (*Anethum graveolens*); Bockshornkleesaat (*Trigonella foenumgraecum*); Safran (*Crocus sativus*); Thymian (*Thymus vulgaris*); Gelbwurz (*Curcuma longa*);

Erdbeeren (*Fragaria* spp.)

Sonnenblumensaat (*Helianthus annuus*)

Tangerine (*Citrus tangerina*); Mandarine (*Citrus reticulata*); Satsuma (*C. unshiu*)

Speiserübe und Rübsen (*Brassica rapa* var. *rapifera* und *oleifera* spp.)

Wicken: Platterbsenwicke/Futterwicke (*Vicia sativa*)

Gartenschwarzwurzel (*Scorzonera hispanica*)

Walnuss (*Juglans* spp.; *J. regia*)

Wassermelone (*Citrullus vulgaris*)

Zierpflanzen, die im Jahr der Behandlung blühen

TEIL B

Bei der Anwendung der einheitlichen Grundsätze gemäß Artikel 29 Absatz 6 der Verordnung (EG) Nr. 1107/2009 sind die Schlussfolgerungen des vom Ständigen Ausschuss für die Lebensmittelkette und Tiergesundheit am 27. Januar 2006 abgeschlossenen Beurteilungsberichts über Clothianidin und insbesondere dessen Anlagen I und II sowie die Schlussfolgerungen des vom Ständigen Ausschuss für die Lebensmittelkette und Tiergesundheit am 15. März 2013 abgeschlossenen Nachtrags zum Beurteilungsbericht über Clothianidin zu berücksichtigen.

Bei dieser Gesamtbewertung achten die Mitgliedstaaten insbesondere auf Folgendes:

— den Grundwasserschutz, wenn der Wirkstoff in Gebieten mit empfindlichen Böden und/oder besonderen Klimabedingungen ausgebracht wird;

— das Risiko für körnerfressende Vögel und Säugetiere, wenn der Wirkstoff als Saatgutbeize verwendet wird.

Die Mitgliedstaaten stellen sicher, dass

— die Applikation auf Saatgut nur in professionellen Saatgutbehandlungseinrichtungen vorgenommen wird. Diese Einrichtungen müssen die beste zur Verfügung stehende Technik anwenden, damit gewährleistet ist, dass die Freisetzung von Staub bei der Applikation auf das Saatgut, der Lagerung und der Beförderung auf ein Mindestmaß reduziert werden kann;

— für die Drillsaat eine angemessene Ausrüstung verwendet wird, damit eine gute Einarbeitung in den Boden, möglichst wenig Verschütten und eine möglichst geringe Staubemission gewährleistet sind;

— die Zulassungsbedingungen gegebenenfalls Maßnahmen zur Risikobegrenzung zum Schutz von Bienen umfassen;

— erforderlichenfalls Überwachungsprogramme zur Überprüfung der tatsächlichen Exposition von Bienen gegenüber Clothianidin in von Bienen für die Futtersuche oder von Imkern genutzten Gebieten eingeleitet werden.

Die Anwendungsbedingungen umfassen gegebenenfalls Maßnahmen zur Risikobegrenzung.

Der Antragsteller muss bestätigende Informationen vorlegen über

a) das Risiko für andere bestäubende Insekten als Honigbienen;

b) das Risiko für Honigbienen, die in Folgekulturen Nektar oder Pollen sammeln;

c) die potenzielle Aufnahme über die Wurzeln blühender Unkräuter;

d) das Risiko für Bienen, die Honigtau anderer Insekten aufnehmen;

e) die potenzielle Exposition gegenüber Guttation, das akute und das langfristige Risiko für das Überleben und die Entwicklung von Bienenvölkern sowie das Risiko für Bienenlarven aufgrund einer solchen Exposition;

f) die potenzielle Exposition gegenüber Staubabdrift bei Drillsaat, das akute und das langfristige Risiko für das Überleben und die Entwicklung von Bienenvölkern sowie das Risiko für Bienenlarven aufgrund einer solchen Exposition;

g) das akute und das langfristige Risiko für das Überleben und die Entwicklung von Bienenvölkern sowie das Risiko für Honigbienenlarven aufgrund der Aufnahme kontaminierten Nektars und Pollens.

Der Antragsteller muss der Kommission, den Mitgliedstaaten und der Behörde diese Informationen bis 31. Dezember 2014 vorlegen."

2. Im Anhang Teil A Zeile 140, Thiamethoxam, der Durchführungsverordnung (EU) Nr. 540/2011 erhält die Spalte „Sonderbestimmungen" folgende Fassung:

„TEIL A

Nur gewerbliche Anwendungen als Insektizid dürfen zugelassen werden.

Anwendungen zur Saatgutbehandlung oder Bodenbehandlung dürfen nicht für folgende Getreidearten zugelassen werden, wenn diese Getreidearten zwischen Januar und Juni ausgesät werden:

Gerste, Hirse, Hafer, Reis, Roggen, Sorghum, Triticale, Weizen.

Für folgende Getreidearten darf die Blattbehandlung nicht zugelassen werden:

Gerste, Hirse, Hafer, Reis, Roggen, Sorghum, Triticale, Weizen.

Anwendung zur Saatgutbehandlung, Bodenbehandlung oder Blattbehandlung dürfen nicht für folgende Kulturen zugelassen werden, außer bei Anwendung in Gewächshäusern und außer zur Blattbehandlung nach der Blüte:

Luzerne (*Medicago sativa*)

Mandel (*Prunus amygdalus; P. communis; Amygdalus communis*)

Anis (*Pimpinella anisum*); Sternanis (*Illicium verum*); Kümmel (*Carum carvi*); Koriander (*Coriandrum sativum*); Kreuzkümmel (*Cuminum cyminum*); Fenchel (*Foeniculum vulgare*); Wacholderbeeren (*Juniperus communis*)

Apfel (*Malus pumila; M. sylvestris; M. communis; Pyrus malus*)

Aprikose (*Prunus armeniaca*)

Avocadofrucht (*Persea americana*)

Banane (*Musa sapientum; M. cavendishii; M. nana*)

Bohne (*Phaseolus* spp.)

Brombeere (*Rubus fruticosus*)

Heidelbeere/Blaubeere/Bickbeere (*Vaccinium myrtillus*); amerikanische Strauchheidelbeere (*V. corymbosum*)

Ackerbohne/Pferdebohne (*Vicia faba* var. *major*; var. *equina*; var. *minor*)

Buchweizen (*Fagopyrum esculentum*)

Johannisbrotbaum/Karobenbaum (*Ceratonia siliqua*)

Rizinussaat (*Ricinus communis*)

Kirsche (*Prunus avium*)

Esskastanie (*Castanea* spp.)

Kichererbse (*Cicer arietinum*)

Chilipfeffer (*Capsicum frutescens; C. annuum*); Nelkenpfefferbaum/Pimentbaum (*Pimenta officinalis*)

Klee (*Trifolium* spp.)

Kaffee (*Coffea* spp. *arabica, robusta, liberica*)

Baumwolle (*Gossypium* spp.)

gemeine Kuhbohne/Augenbohne (*Vigna unguiculata*)

großfrüchtige Moosbeere/Kulturpreiselbeere (*Vaccinium macrocarpon*); kleinfrüchtige Moosbeere/Kranichbeere (*V. oxycoccus*)

Gurke (*Cucumis sativus*)

schwarze Johannisbeere (*Ribes nigrum*); rote und weiße Johannisbeere (*R. rubrum*)

Dattel (*Phoenix dactylifera*)

schwarzer Holunder (*Sambucus nigra*)

Stachelbeere (*Ribes uva-crispa*)

Grapefruit (*Citrus paradisi*)

Weinrebe (*Vitis vinifera*)

Erdnuss (*Arachis hypogaea*)

Haselnuss (*Corylus avellana*)

Hanf (*Cannabis sativa*)

Kartoffel-Rose (*Rosa rugosa*)

Kiwi (*Actinidia chinensis*)

Leguminose: Hornschotenklee (*Lotus corniculatus*); Lespedeza (*Lespedeza* spp.); Kopoubohne (*Pueraria lobata*); Sesbania (*Sesbania spp.*); Futteresparsette (*Onobrychis sativa*); Spanische Esparsette (*Hedysarum coronarium*)

Zitronen und Limetten: Zitrone (*Citrus limon*); saure Limette/Limonelle (*C. aurantiifolia*); Limette/Süßzitrone (*C. limetta*)

Linsen (*Lens esculenta; Ervum lens*)

Leinsaat (*Linum usitatissimum*)

Lupine (*Lupinus* spp.)

Mais (*Zea mays*)

Melonensaat (*Cucumis melo*)

Senfsaat: Weißer Senf (*Brassica alba; B. hirta; Sinapis alba*); schwarzer Senf (*Brassica nigra; Sinapis nigra*)

Okra (*Abelmoschus esculentus; Hibiscus esculentus*)

Oliven (*Olea europaea*)

Orangen: Orange/Apfelsine (*Citrus sinensis*) Bitterorange (*C. aurantium*)

Pfirsiche und Nektarinen (*Prunus persica; Amygdalus persica; Persica laevis*)

Birne (*Pyrus communis*)

Erbsen: Gartenerbse (*Pisum sativum*); Felderbse (*P. arvense*)

Pfefferminze (*Mentha* spp.; *M. piperita*)

Kaki (*Diospyros kaki; D. virginiana*)

Pistazie (*Pistacia vera*)

Pflaumen und Schlehen: Reineclaude, Mirabelle, Damaszenerpflaume (*Prunus domestica*); Schlehe (*P. spinosa*)

Mohnsaat (*Papaver somniferum*)

Kürbis (*Cucurbita* spp.)

Pyrethrum (*Chrysanthemum cinerariifolium*)

Quitte (*Cydonia oblonga; C. vulgaris; C. japonica*)

Rapssaat (*Brassica napus* var. *oleifera*)

Himbeere (*Rubus idaeus*)

Färberdistelsaat (*Carthamus tinctorius*)

Serradella/Vogelfuß (*Ornithopus sativus*)

Sesamsaat (*Sesamum indicum*)

Sojabohne (*Glycine soja*)

Gewürze: Lorbeer (*Laurus nobilis*); Dillsaat (*Anethum graveolens*); Bockshornkleesaat (*Trigonella foenumgraecum*); Safran (*Crocus sativus*); Thymian (*Thymus vulgaris*); Gelbwurz (*Curcuma longa*);

Erdbeeren *Fragaria* spp.

Sonnenblumensaat (*Helianthus annuus*)

Tangerine (*Citrus tangerina*); Mandarine (*Citrus reticulata*); Satsuma (*C. unshiu*)

Speiserübe und Rübsen (*Brassica rapa* var. *rapifera* und *oleifera* spp.)

Wicken: Platterbsenwicke/Futterwicke (*Vicia sativa*)

Gartenschwarzwurzel (*Scorzonera hispanica*)

Walnuss (*Juglans* spp.; *J. regia*)

Wassermelone (*Citrullus vulgaris*)

Zierpflanzen, die im Jahr der Behandlung blühen

TEIL B

Bei der Anwendung der einheitlichen Grundsätze gemäß Artikel 29 Absatz 6 der Verordnung (EG) Nr. 1107/2009 sind die Schlussfolgerungen des vom Ständigen Ausschuss für die Lebensmittelkette und Tiergesundheit am 14. Juli 2006 abgeschlossenen Beurteilungsberichts über Thiamethoxam und insbesondere dessen Anlagen I und II sowie die Schlussfolgerungen des vom Ständigen Ausschuss für die Lebensmittelkette und Tiergesundheit am 15. März 2013 abgeschlossenen Nachtrags zum Beurteilungsbericht über Thiamethoxam zu berücksichtigen.

Bei dieser Gesamtbewertung müssen die Mitgliedstaaten insbesondere auf Folgendes achten:

— eine mögliche Verunreinigung des Grundwassers, insbesondere durch den Wirkstoff und seine Metaboliten NOA 459602, SYN 501406 und CGA 322704, wenn der Wirkstoff in Gebieten mit empfindlichen Böden und/oder besonderen Klimabedingungen ausgebracht wird;

— den Schutz von Wasserorganismen;

— das Langzeitrisiko für kleine pflanzenfressende Tiere, wenn der Wirkstoff als Saatgutbehandlung angewendet wird.

Die Mitgliedstaaten stellen sicher, dass

— die Applikation auf Saatgut nur in professionellen Saatgutbehandlungseinrichtungen vorgenommen wird. Diese Einrichtungen müssen die beste zur Verfügung stehende Technik anwenden, damit gewährleistet ist, dass die Freisetzung von Staub bei der Applikation auf das Saatgut, der Lagerung und der Beförderung auf ein Mindestmaß reduziert werden kann;

— für die Drillsaat eine angemessene Ausrüstung verwendet wird, damit eine gute Einarbeitung in den Boden, möglichst wenig Verschütten und eine möglichst geringe Staubemission gewährleistet sind;

— die Zulassungsbedingungen gegebenenfalls Maßnahmen zur Risikobegrenzung zum Schutz von Bienen umfassen;

— erforderlichenfalls Überwachungsprogramme zur Überprüfung der tatsächlichen Exposition von Bienen gegenüber Thiamethoxam in von Bienen für die Futtersuche oder von Imkern genutzten Gebieten eingeleitet werden.

Die Anwendungsbedingungen umfassen gegebenenfalls Maßnahmen zur Risikobegrenzung.

Der Antragsteller muss bestätigende Informationen vorlegen über

a) das Risiko für andere bestäubende Insekten als Honigbienen;

b) das Risiko für Honigbienen, die in Folgekulturen Nektar oder Pollen sammeln;

c) die potenzielle Aufnahme über die Wurzeln blühender Unkräuter;

d) das Risiko für Bienen, die Honigtau anderer Insekten aufnehmen;

e) die potenzielle Exposition gegenüber Guttation, das akute und das langfristige Risiko für das Überleben und die Entwicklung von Bienenvölkern sowie das Risiko für Bienenlarven aufgrund einer solchen Exposition;

f) die potenzielle Exposition gegenüber Staubabdrift bei Drillsaat, das akute und das langfristige Risiko für das Überleben und die Entwicklung von Bienenvölkern sowie das Risiko für Bienenlarven aufgrund einer solchen Exposition;

g) das akute und das langfristige Risiko für das Überleben und die Entwicklung von Bienenvölkern sowie das Risiko für Honigbienenlarven aufgrund der Aufnahme kontaminierten Nektars und Pollens.

Der Antragsteller muss der Kommission, den Mitgliedstaaten und der Behörde diese Informationen bis 31. Dezember 2014 vorlegen."

3. Im Anhang Teil A Zeile 216, Imidacloprid, der Durchführungsverordnung (EU) Nr. 540/2011 erhält die Spalte „Sonderbestimmungen" folgende Fassung:

„TEIL A

Nur gewerbliche Anwendungen als Insektizid dürfen zugelassen werden.

Anwendungen zur Saatgutbehandlung oder Bodenbehandlung dürfen nicht für folgende Getreidearten zugelassen werden, wenn diese Getreidearten zwischen Januar und Juni ausgesät werden:

Gerste, Hirse, Hafer, Reis, Roggen, Sorghum, Triticale, Weizen.

Für folgende Getreidearten darf die Blattbehandlung nicht zugelassen werden:

Gerste, Hirse, Hafer, Reis, Roggen, Sorghum, Triticale, Weizen.

Anwendung zur Saatgutbehandlung, Bodenbehandlung oder Blattbehandlung dürfen nicht für folgende Kulturen zugelassen werden, außer bei Anwendung in Gewächshäusern und außer zur Blattbehandlung nach der Blüte:

Luzerne (*Medicago sativa*)

Mandel (*Prunus amygdalus*; *P. communis*; *Amygdalus communis*)

Anis (*Pimpinella anisum*); Sternanis (*Illicium verum*); Kümmel (*Carum carvi*); Koriander (*Coriandrum sativum*); Kreuzkümmel (*Cuminum cyminum*); Fenchel (*Foeniculum vulgare*); Wacholderbeeren (*Juniperus communis*)

Apfel (*Malus pumila*; *M. sylvestris*; *M. communis*; *Pyrus malus*)

Aprikose (*Prunus armeniaca*)

Avocadofrucht (*Persea americana*)

Banane (*Musa sapientum*; *M. cavendishii*; *M. nana*)

Bohne (*Phaseolus* spp.)

Brombeere (*Rubus fruticosus*)

Heidelbeere/Blaubeere/Bickbeere (*Vaccinium myrtillus*); amerikanische Strauchheidelbeere (*V. corymbosum*)

Ackerbohne/Pferdebohne (*Vicia faba* var. *major*; var. *equina*; var. *minor*)

Buchweizen (*Fagopyrum esculentum*)

Johannisbrotbaum/Karobenbaum (*Ceratonia siliqua*)

Rizinussaat (*Ricinus communis*)

Kirsche (*Prunus avium*)

Esskastanie (*Castanea* spp.)

Kichererbse (*Cicer arietinum*)

Chilipfeffer (*Capsicum frutescens; C. annuum*); Nelkenpfefferbaum/Pimentbaum (*Pimenta officinalis*)

Klee (*Trifolium* spp.)

Kaffee (*Coffea* spp. *arabica, robusta, liberica*)

Baumwolle (*Gossypium* spp.)

gemeine Kuhbohne/Augenbohne (*Vigna unguiculata*)

großfrüchtige Moosbeere/Kulturpreiselbeere (*Vaccinium macrocarpon*); kleinfrüchtige Moosbeere/Kranichbeere (*V. oxycoccus*)

Gurke (*Cucumis sativus*)

schwarze Johannisbeere (*Ribes nigrum*); rote und weiße Johannisbeere (*R. rubrum*)

Dattel (*Phoenix dactylifera*)

schwarzer Holunder (*Sambucus nigra*)

Stachelbeere (*Ribes uva-crispa*)

Grapefruit (*Citrus paradisi*)

Weinrebe (*Vitis vinifera*)

Erdnuss (*Arachis hypogaea*)

Haselnuss (*Corylus avellana*)

Hanf (*Cannabis sativa*)

Kartoffel-Rose (*Rosa rugosa*)

Kiwi (*Actinidia chinensis*)

Leguminose: Hornschotenklee (*Lotus corniculatus*); Lespedeza (*Lespedeza* spp.); Kopoubohne (*Pueraria lobata*); Sesbania (*Sesbania spp.*); Futteresparsette (*Onobrychis sativa*); Spanische Esparsette (*Hedysarum coronarium*)

Zitronen und Limetten: Zitrone (*Citrus limon*); saure Limette/Limonelle (*C. aurantiifolia*); Limette/Süßzitrone (*C. limetta*)

Linsen (*Lens esculenta; Ervum lens*)

Leinsaat (*Linum usitatissimum*)

Lupine (*Lupinus* spp.)

Mais (*Zea mays*)

Melonensaat (*Cucumis melo*)

Senfsaat: Weißer Senf (*Brassica alba; B. hirta; Sinapis alba*); schwarzer Senf (*Brassica nigra; Sinapis nigra*)

Okra (*Abelmoschus esculentus; Hibiscus esculentus*)

Oliven (*Olea europaea*)

Orangen: Orange/Apfelsine (*Citrus sinensis*) Bitterorange (*C. aurantium*)

Pfirsiche und Nektarinen (*Prunus persica; Amygdalus persica; Persica laevis*)

Birne (*Pyrus communis*)

Erbsen: Gartenerbse (*Pisum sativum*); Felderbse (*P. arvense*)

Pfefferminze (*Mentha* spp.; *M. piperita*)

Kaki (*Diospyros kaki; D. virginiana*)

Pistazie (*Pistacia vera*)

Pflaumen und Schlehen: Reineclaude, Mirabelle, Damaszenerpflaume (*Prunus domestica*); Schlehe (*P. spinosa*)

Mohnsaat (*Papaver somniferum*)

Kürbis (*Cucurbita* spp.)

Pyrethrum (*Chrysanthemum cinerariifolium*)

Quitte (*Cydonia oblonga; C. vulgaris; C. japonica*)

Rapssaat (*Brassica napus* var. *oleifera*)

Himbeere (*Rubus idaeus*)

Färberdistelsaat (*Carthamus tinctorius*)

Serradella/Vogelfuß (*Ornithopus sativus*)

Sesamsaat (*Sesamum indicum*)

Sojabohne (*Glycine soja*)

Gewürze: Lorbeer (*Laurus nobilis*); Dillsaat (*Anethum graveolens*); Bockshornkleesaat (*Trigonella foenumgraecum*); Safran (*Crocus sativus*); Thymian (*Thymus vulgaris*); Gelbwurz (*Curcuma longa*);

Erdbeeren (*Fragaria* spp.)

Sonnenblumensaat (*Helianthus annuus*)

Tangerine (*Citrus tangerina*); Mandarine (*Citrus reticulata*); Satsuma (*C. unshiu*)

Speiserübe und Rübsen (*Brassica rapa* var. *rapifera* und *oleifera* spp.)

Wicken: Platterbsenwicke/Futterwicke (*Vicia sativa*)

Gartenschwarzwurzel (*Scorzonera hispanica*)

Walnuss (*Juglans* spp.; *J. regia*)

Wassermelone (*Citrullus vulgaris*)

Zierpflanzen, die im Jahr der Behandlung blühen

TEIL B

Bei der Bewertung der Anträge auf Zulassung von Imidacloprid enthaltenden Pflanzenschutzmitteln achten die Mitgliedstaaten besonders auf die in Artikel 4 Absatz 3 der Verordnung (EG) Nr. 1107/2009 genannten Kriterien und stellen sicher, dass vor einer Zulassung alle erforderlichen Daten und Informationen vorliegen.

Bei der Anwendung der einheitlichen Grundsätze gemäß Artikel 29 Absatz 6 der Verordnung (EG) Nr. 1107/2009 sind die Schlussfolgerungen des vom Ständigen Ausschuss für die Lebensmittelkette und Tiergesundheit am 26. September 2008 abgeschlossenen Beurteilungsberichts über Imidacloprid und insbesondere dessen Anlagen I und II sowie die Schlussfolgerungen des vom Ständigen Ausschuss für die Lebensmittelkette und Tiergesundheit am 15. März 2013 abgeschlossenen Nachtrags zum Beurteilungsbericht über Imidacloprid zu berücksichtigen.

Bei dieser Gesamtbewertung müssen die Mitgliedstaaten insbesondere auf Folgendes achten:

— die Sicherheit der Anwender und Arbeiter; die Mitgliedstaaten sorgen dafür, dass die Anwendungsbedingungen eine angemessene persönliche Schutzausrüstung vorschreiben;

— die Auswirkungen auf Wasserorganismen, Nichtzielarthropoden, Regenwürmer und andere Boden-Makroorganismen; die Mitgliedstaaten stellen sicher, dass die Zulassungsbedingungen gegebenenfalls Maßnahmen zur Risikobegrenzung umfassen.

Die Mitgliedstaaten stellen sicher, dass

— die Applikation auf Saatgut nur in professionellen Saatgutbehandlungseinrichtungen vorgenommen wird. Diese Einrichtungen müssen die beste zur Verfügung stehende Technik anwenden, damit gewährleistet ist, dass die Freisetzung von Staub bei der Applikation auf das Saatgut, der Lagerung und der Beförderung auf ein Mindestmaß reduziert werden kann;

— für die Drillsaat eine angemessene Ausrüstung verwendet wird, damit eine gute Einarbeitung in den Boden, möglichst wenig Verschütten und eine möglichst geringe Staubemission gewährleistet sind;

— die Zulassungsbedingungen gegebenenfalls Maßnahmen zur Risikobegrenzung zum Schutz von Bienen umfassen;

— erforderlichenfalls Überwachungsprogramme zur Überprüfung der tatsächlichen Exposition von Bienen gegenüber Imidacloprid in von Bienen für die Futtersuche oder von Imkern genutzten Gebieten eingeleitet werden.

Die Anwendungsbedingungen umfassen gegebenenfalls Maßnahmen zur Risikobegrenzung.

Der Antragsteller muss bestätigende Informationen vorlegen über

a) das Risiko für andere bestäubende Insekten als Honigbienen;

b) das Risiko für Honigbienen, die in Folgekulturen Nektar oder Pollen sammeln;

c) die potenzielle Aufnahme über die Wurzeln blühender Unkräuter;

d) das Risiko für Bienen, die Honigtau anderer Insekten aufnehmen;

e) die potenzielle Exposition gegenüber Guttation, das akute und das langfristige Risiko für das Überleben und die Entwicklung von Bienenvölkern sowie das Risiko für Bienenlarven aufgrund einer solchen Exposition;

f) die potenzielle Exposition gegenüber Staubabdrift bei Drillsaat, das akute und das langfristige Risiko für das Überleben und die Entwicklung von Bienenvölkern sowie das Risiko für Bienenlarven aufgrund einer solchen Exposition;

g) das akute und das langfristige Risiko für das Überleben und die Entwicklung von Bienenvölkern sowie das Risiko für Honigbienenlarven aufgrund der Aufnahme kontaminierten Nektars und Pollens.

Der Antragsteller muss der Kommission, den Mitgliedstaaten und der Behörde diese Informationen bis 31. Dezember 2014 vorlegen.“

ANHANG II

In Artikel 2 genannte Liste der Saaten

Saatgut, das mit Clothianidin, Thiamethoxam oder Imidacloprid enthaltenden Pflanzenschutzmitteln behandelt wird und dessen Anwendung und Inverkehrbringen verboten ist:

Gerste, Hirse, Hafer, Reis, Roggen, Sorghum, Triticale, Weizen, wenn diese Getreidearten zwischen Januar und Juni ausgesät werden.

Luzerne (*Medicago sativa*)

Anis (*Pimpinella anisum*); Sternanis (*Illicium verum*); Kümmel (*Carum carvi*); Koriander (*Coriandrum sativum*); Kreuzkümmel (*Cuminum cyminum*); Fenchel (*Foeniculum vulgare*); Wacholderbeeren (*Juniperus communis*)

Bohne (*Phaseolus* spp.)

Ackerbohne/Pferdebohne (*Vicia faba* var. *major*; var. *equina*; var. *minor*)

Buchweizen (*Fagopyrum esculentum*)

Rizinussaat (*Ricinus communis*)

Kichererbse (*Cicer arietinum*)

Chilipfeffer (*Capsicum frutescens*; *C. annuum*); Nelkenpfefferbaum/Pimentbaum (*Pimenta officinalis*)

Klee (*Trifolium* spp.)

Baumwolle (*Gossypium* spp.) Kaffee (*Coffea* spp. *arabica, robusta, liberica*)

gemeine Kuhbohne/Augenbohne (*Vigna unguiculata*)

Gurke (*Cucumis sativus*)

Erdnuss (*Arachis hypogaea*)

Hanf (*Cannabis sativa*)

Leguminose: Hornschotenklee (*Lotus corniculatus*); Lespedeza (*Lespedeza* spp.); Kopoubohne (*Pueraria lobata*); Sesbania (*Sesbania* spp.); Futteresparsette (*Onobrychis sativa*); Spanische Esparsette (*Hedysarum coronarium*)

Linsen (*Lens esculenta*; *Ervum lens*)

Leinsaat (*Linum usitatissimum*)

Lupine (*Lupinus* spp.)

Mais (*Zea mays*)

Melonensaat (*Cucumis melo*)

Senfsaat: Weißer Senf (*Brassica alba*; *B. hirta*; *Sinapis alba*); schwarzer Senf (*Brassica nigra*; *Sinapis nigra*)

Okra (*Abelmoschus esculentus*; *Hibiscus esculentus*)

Erbsen: Gartenerbse (*Pisum sativum*); Felderbse (*P. arvense*)

Pfefferminze (*Mentha* spp.; *M. piperita*)

Mohnsaat (*Papaver somniferum*)

Kürbis (*Cucurbita* spp.)

Pyrethrum (*Chrysanthemum cinerariifolium*)

Rapssaat (*Brassica napus* var. *oleifera*)

Färberdistelsaat (*Carthamus tinctorius*)

Sesamsaat (*Sesamum indicum*)

Sojabohne (*Glycine soja*)

Gewürze: Lorbeer (*Laurus nobilis*); Dillsaat (*Anethum graveolens*); Bockshornkleesaat (*Trigonella foenumgraecum*); Safran (*Crocus sativus*); Thymian (*Thymus vulgaris*); Gelbwurz (*Curcuma longa*)

Erdbeeren (*Fragaria* spp.)

Sonnenblumensaat (*Helianthus annuus*)

Speiserübe und Rübsen (*Brassica rapa* var. *rapifera* und *oleifera* spp.)

Wicken: Platterbsenwicke/Futterwicke (*Vicia sativa*)

Wassermelone (*Citrullus vulgaris*)

Zierpflanzen, die im Jahr der Behandlung blühen.